Inhaltsverzeichnis

Vorbemerkungen

Immer wieder gibt es Meldungen von Gewalttätigkeiten gerade auf Schulhöfen, bei denen bestimmte Bestrafungsrituale eine Rolle spielten. Dabei wurden Kinderspiele gespielt und die Verlierer anschließend von der Gruppe bestraft. Sozusagen als „Vorbild" dieser Aktionen war von der erfolgreichen Netflix-Serie SQUID GAME die Rede. Offiziell wird diese Serie von Netflix erst ab einem Alter von 16 Jahren empfohlen. Allerdings gab es keine Altersfreigabe der FSK, weil Netflix die Serie wohl auch nicht vorgelegt hatte. Es ist kein Geheimnis, dass häufig wesentlich jüngere Kinder Medieninhalte konsumieren, die nicht für sie vorgesehen bzw. geeignet sind. Daher ist es nicht verwunderlich, dass SQUID GAME auch von Grundschulkindern geschaut wird oder dass sie von älteren Geschwistern etc. über die Inhalte der Serie informiert werden. Der immer wieder hervorgehobene gesellschaftskritische Ansatz der Serie kann sicherlich von älteren Jugendlichen erkannt und insofern auch die Gewaltszenen in einen entsprechenden Kontext gesetzt werden. Diese Abstraktionsfähigkeit ist von Kindern im Grundschulalter nicht zu erwarten.

Im Rahmen der pädagogischen Arbeit hat die Gewaltprävention einen hohen Stellenwert. Zahlreiche Unterrichtsreihen, schulische Aktivitäten, Präventionsprogramme etc. widmen sich dem Problem „Gewalt in der Schule" mit großer Ernsthaftigkeit und Intensität. Die Erfolge sind durchaus erkennbar, vor allem, wenn es sich um Aktionen handelt, bei denen die Kinder emotional, verbunden mit konkreten handlungsorientierten Unterrichtsverfahren, mit dem Thema konfrontiert werden. Eine bloße sachliche Beschäftigung mit einem solchen Thema ist dagegen selten erfolgreich. Bei der Suche nach geeigneten Materialien spielen sicherlich literarische Texte wie Kinder- und Jugendromane eine große Rolle. Sie ermöglichen es in der Regel, dass sich die Lesenden mit einem der Protagonisten identifizieren. Hierdurch wird eine Emotionalisierung bei den Schüler*innen erzielt, die die Motivation, sich mit dem Thema zu beschäftigen, deutlich erhöht. Das angestrebte Ziel, ein Bewusstsein für die Problematik bzw. möglicherweise eine Veränderung / Korrektur des eigenen Verhaltens zu schaffen, ist somit leichter zu erreichen.

Inhaltsangabe

In dem Kinderroman MUT *ich* stehen Kinderspiele und die Bestrafung der Verlierer*innen dieser Spiele im Mittelpunkt. Eine Clique von zehn- und elfjährigen Kindern trifft sich regelmäßig, um solche Spiele bzw. Wettbewerbe durchzuführen. Den Höhepunkt stellt die Bestrafung am Ende eines solchen Spiels dar. Es gibt einen „Chef" in dieser Clique, Ben, der sich die Spiele und vor allem die Strafen ausdenkt. Seine Anweisungen werden von allen Kindern der Clique ausgeführt – auch wenn sie eigentlich nicht damit einverstanden sind, zum Beispiel mit den Bestrafungen. Bei den im Roman beschriebenen Spielen ist es Paul aus der Clique, der das Pech hat, mehrmals hintereinander der Verlierer der Spiele zu sein. Bezeichnend ist, dass die Kinder dennoch den Anweisungen ihres Cliquenchefs folgen und die Strafen vollziehen. Sie machen alle mit! Niemand solidarisiert sich mit dem Opfer, steht ihm bei oder opponiert gegen den Chef. Zur Katastrophe kommt es, als Paul sich bei einer Strafe schwer verletzt und ins Krankenhaus eingeliefert werden muss.

So geht es neben der Gewalt, die bei den Bestrafungen ausgeübt wird, ebenso um Aspekte wie Gruppen- und Anpassungszwang, Mitläufertum, Zivilcourage, den Mut, sich gegen den „Chef" zu stellen und Solidarität mit dem Opfer zu zeigen.

In zahlreichen Episoden wird die Handlung vorangetrieben. Dabei stehen sowohl die gewalttätigen Aktionen als auch die eher reflektierenden Phasen im Vordergrund. Es wird deutlich, dass der Widerstand der Masse zwar vorhanden ist, sich aber nicht in direkte Verweigerung („Befehlsverweigerung“) oder Aktionen niederschlägt. Erst als es zur Katastrophe kommt und der Wahnsinn der Aktionen überaus deutlich wird, kommt es nicht nur zu einer Erkenntnis der Kinder der Clique, sondern auch zu deren Verhaltensänderung. Auch der „Haupttäter“, Cliquenchef Ben, scheint aus seinen Fehlern zu lernen.
Neben der Darstellung der gewalttätigen Aktivitäten und dem Nichtaufbegehren der Gruppe werden auch soziale Hintergründe beleuchtet, die zum Beispiel das Verhalten von Ben erklärbar machen, wie zum Beispiel die Vernachlässigung durch seine karrierehungrigen Eltern, die ihren Sohn nur mit materiellen Gütern beschenken, anstatt ihm Zuwendung und Halt zu geben.

Hinweis zu S. 39 „Rollenspiele“:
Abhängig davon, wie viele Erfahrungen die Kinder mit Rollenspielen haben, sollten entsprechende Hilfen gegeben werden. Im gemeinsamen Unterrichtsgespräch wird festgelegt, was für Rollenspiele wichtig ist (z. B. Mimik, Gestik, Requisiten, die einzelnen Personen aussprechen lassen, sich zum Publikum drehen …). Die erarbeiteten Kriterien sollten schriftlich auf einem Plakat fixiert werden und können nachher als Reflexionsgrundlage dienen.
Alternativ können Sie Arbeitskarten für die einzelnen Rollenspiele zur Verfügung stellen (z. B. „Achtet bei diesem Rollenspiel besonders auf …“).

Lesetagebuch

Das Buch **MUT** *ich* kann nicht nur in der Schule, sondern auch zu Hause gelesen werden. Damit Sie dennoch einen Eindruck von der Lektüre Ihrer Schüler*innen bekommen und diese sich möglichst persönlich mit dem Buch auseinandersetzen können, eignet sich zum Beispiel ein Lesetagebuch. Die Schüler*innen können hier alles eintragen, was ihnen bei der Lektüre des Buches gut gefällt oder was sie bewegt:

- Handlungsverlauf / Inhaltsangaben zu den Kapiteln
- wichtige Ereignisse
- Personen und Charaktere (z. B. als Steckbrief, als Zeichnung oder in Form eines Textes wie eines Briefes der Romanfigur)
- Zeichnungen, Collagen, Lapbookelemente
- Buchrezension, die eigene Meinung zum Buch / Buchkritik
- Was hat dir gefallen? / Was fandest du nicht so gut?
- Fragen zum Text, Verständnisprobleme

Sie können die Lesetagebücher am Ende einsammeln und auch benoten. Dies sollten Sie Ihren Schüler*innen jedoch vor Beginn der Arbeit mit den Lesetagebüchern mitteilen.

Als Lesetagebuch eignet sich ein Hefter, in den die Kinder ihre Tagebucheinträge einheften. Hier können auch die Arbeitsblätter aus dem Unterricht eingefügt werden. Als Deckblatt kann das Deckblatt vom Lesebegleitheft (s. S. 4) gewählt werden. Auf der zweiten Seite sollte dann eine Tabelle folgen, in die die Kinder eintragen, wann sie welches Kapitel gelesen haben.

Anmerkung: Liebe Lehrkraft, wir möchten in unseren Materialien niemanden benachteiligen oder diskriminieren. Daher nutzen wir unter anderem das Gendersternchen, um alle Geschlechter anzusprechen. In Texten für Schüler*innen verzichten wir jedoch aus Gründen der besseren Lesbarkeit darauf und nutzen weiterhin entweder die „neutrale“ Form oder Doppelformen. Selbstverständlich sind stets alle Geschlechter gemeint.

Deckblatt Lesebegleitheft zu MUT *ich*

von ______________________________

Klasse ____________________________

Lesetagebuch – Vorlage

Kapitel / Seiten	Ort und Zeit	Kurze Beschreibung der Handlung	Personen-Charakterisierung	Besonderheiten	Eigene Gedanken, Beobachtungen, Ideen, Fragen

Personenbeschreibung

Wie so häufig in Romanen spielen auch hier die Personen eine große Rolle. Da sind natürlich erst einmal die Kinder aus der Clique. Allen voran der „Chef" der Clique, Ben. Aber auch die anderen Kinder sind mehr oder weniger wichtig. Führe daher direkt von Anfang an eine Art Personenliste, in die du alle in der Handlung auftretenden Personen einträgst. Schreibe dabei nicht nur den Namen auf, sondern notiere auch andere Informationen, die du zu dieser Person erhältst. So zum Beispiel, wenn du etwas über das Alter, das Aussehen oder den Charakter der Person erfährst.
Schreibe in die Tabelle. Ergänze während des Lesens immer wieder.

Name	Alter	Aussehen	Charakter

Meine Erwartungen

1. Schaue dir das Cover des Buches an. Was erwartest du bei diesem Titel vom Inhalt des Buches?

___

___

___

2. Der Titel des Buches lautet **MUT** *ich*. Was verstehst du unter „Mut"? Schreibe auf.

___

___

___

3. Warst du schon einmal mutig? Bei welcher Gelegenheit?

___

___

___

Ohrfeigen tun weh

Die Clique trifft sich im Wald und spielt ein einfaches Spiel. Der Verlierer wird anschließend bestraft. Es ist Paul, der nun von allen zwei Ohrfeigen bekommt.

1. Beschreibe das Spiel, das die Clique spielt.

____

____

2. Wer gehört zu der Clique? Nenne die Namen der Cliquenmitglieder und beschreibe einzelne von ihnen.

Name: ______________________________

____

Name: ______________________________

____

Name: ______________________________

____

3. Wie fühlt sich Paul, als er von seiner Strafe erfährt und wie verhält er sich?

____

4. Wie verhält sich die Clique? Schreibe wichtige Sätze aus dem Buch auf.

____

____

____

5. Im Roman steht, dass Ben der „Bestimmer“ in der Clique ist. Kennst du das auch, dass es eine Person in deiner Umgebung gibt, die immer alles bestimmt? Berichte darüber!

Die Clique

1. Lies noch einmal im Buch Seite 9, Zeile 9 bis Zeile 19. Findest du die beschriebenen Aktionen mutig? Begründe deine Meinung.

2. Meik ist wie Ben schon in der 5. Klasse des Gymnasiums. Er bewundert Ben und steht hinter ihm, egal, was er vorschlägt. Kannst du dir denken, warum?

3. Ben filmt die Strafaktion mit seinem Handy. Was hältst du von seinem Vorhaben, dieses Video im Netz zu verbreiten? Darf er das überhaupt?

 Tauscht euch auch in der Klasse darüber aus.

4. Auf Seite 14 im Buch steht: „Nein, sie waren alle zu feige gewesen!“
(© Hans-Jürgen van der Gieth / Ulli Potofski: „MUT ich“, BVK Buch Verlag Kempen, 2022.)
Siehst du das auch so? Wie hättest du dich verhalten?

Peinliche Fragen

Als Paul nach Hause kommt, versucht er, sein rotes Gesicht zu verstecken, um nicht den wahren Grund hierfür sagen zu müssen. Das Abendessen ist daher ziemlich stressig für ihn. Zuletzt stellt er sich eine wichtige Frage.

Aufgaben:

1. Wenn du den Text aufmerksam gelesen hast, kannst du leicht die Lücken im Text unten füllen. Schreibe auf jeden Strich einen Buchstaben.

Paul geht durch das kleine ___ ___ ___ ___ ___ ___ ___ ___ nach Hause.

Vorsichtig betastet er sein ___ ___ ___ ___ ___ ___ ___ . Zu Hause schaut er in den

___ ___ ___ ___ ___ ___ ___ . Die vielen ___ ___ ___ ___ ___ ___ ___ ___ ___

haben sein Gesicht ganz schön zugerichtet, total ___ ___ ___ ist es.

Aber er muss zum ___ ___ ___ ___ ___ ___ ___ ___ ___ ___ erscheinen,

sonst gibt es ___ ___ ___ ___ ___ . Auch ___ ___ ___ ___ ___ ist von

ihrem ___ ___ ___ ___ ___ ___ ___ ___ ___ ___ ___ ___ eingetrudelt.

Paul erzählt seinen Eltern eine ___ ___ ___ ___ .

Er hätte auch gerne so gute ___ ___ ___ ___ ___ ___ ___ wie in seinem

___ ___ ___ ___ .

Paul kann nicht ___ ___ ___ ___ ___ ___ , dass alle ihn so bestraft haben.

Er fragt sich: Was hätte ___ ___ ___ getan?

Eine ___ ___ ___ ___ ___ ___ ___ ___ Antwort findet er ___ ___ ___ ___ ___ .

Mit diesen ___ ___ ___ ___ ___ ___ ___ ___ schläft er schließlich ein.

(© ebd., S. 16–22)

2. Pauls Familie isst immer gemeinsam zu Abend, weil es ihnen wichtig ist. Wie ist das in eurer Familie? Habt ihr auch „Rituale“?

____

3. Beschreibe die Situation, in der sich Paul befindet. Warum fühlt er sich so unwohl?

____

____

Was hätte ich getan?

1. Paul fragt sich, ob er dem Verlierer auch eine Ohrfeige gegeben hätte. Überlege einmal, was du getan hättest. Tausche dich anschließend mit deinem Banknachbarn aus. Haltet eure Gesprächsergebnisse stichwortartig schriftlich fest. Welche anderen Möglichkeiten hätte es gegeben?

____

____

____

2. Im Buch heißt es auf Seite 21: „Er hätte auch gerne so Freunde wie im Buch." (© ebd.) Hast du eine besondere Freundin oder einen besonderen Freund? Beschreibe diese Freundin / diesen Freund. Fülle dazu den Mini-Steckbrief aus.

Mini-Steckbrief: Meine Freundin / Mein Freund

Name: ______________________________

Alter: ______________________________

Aussehen: ______________________________

____

Persönlichkeit: ______________________________

____

Darum ist sie / er meine Freundin / mein Freund: ______________________________

____

____

Kapitel 3

Ein schlechtes Gewissen

1. Was passiert in Kapitel 3? Verbinde die Satzteile.

Als Meik nach Hause kommt,	kellnert sie in „Bernies Eck“.
Er soll sich um seine kleine Schwester kümmern,	und entschuldigt sich bei ihr.
Meiks Mutter	Ist es wirklich noch ein Spiel, wenn dabei jemand geschlagen wird?
Weil das Geld sonst nicht reicht,	ist seine Mutter schon ganz nervös.
Meik merkt, dass seine Mutter wieder total gestresst ist	lebt getrennt von seinem Vater.
Er verspricht der Mutter,	auf seine Schwester Lena aufzupassen.
Meik ist nicht gut drauf an diesem Abend,	bei dem Spiel nicht dabei war.
Er ist froh, dass Lena	weil seine Mutter arbeiten muss.
Ein Gedanke lässt Meik nicht los:	die Bilder vom Spiel im Wald gehen ihm nicht aus dem Kopf.

2. In diesem Kapitel erfährst du etwas über Meik und seine Familiensituation. Mit wem lebt er zusammen und warum?

3. Meik hat ein Telefonat seiner Mutter mit ihrer Freundin mitbekommen. Wovor hat Meik besonders große Angst? Kannst du das verstehen?

4. Das Kapitel endet mit dem Satz: „War das wirklich alles nur ein Spiel?“ (© ebd., S. 29) Was denkst du darüber? Schreibe auf.

Kapitel 4

Erfolgreich im Sport

Die Zwillinge Rebecca und Diego sind allein zu Hause und kommen auf die Situation im Wäldchen zu sprechen. Da beide begeistert Fußball spielen, kommt es zu einem Vergleich.

1. Überlege, was mit den Verlierern eines Fußballspiels passieren könnte. Kreuze an.

   - ☐ Die Verlierer gehen traurig vom Platz.
   - ☐ Die Verlierer werden vom Trainer verprügelt.
   - ☐ Die Verlierer scheiden aus dem Turnier aus.
   - ☐ Die Verlierer bekommen keinen Pokal.
   - ☐ Die Verlierer dürfen nie wieder Fußball spielen.
   - ☐ Die Verlierer werden Zweiter.

2. Rebecca tut es leid, was heute passiert ist. Sie versteht selbst nicht, warum sie Paul auch noch zugesetzt hat. Sie bereut, was sie gesagt hat. Welche Begründungen gibt ihr Bruder?

   ____

   ____

   ____

3. Zum Schluss dieses Kapitels heißt es:
   „Ein Spiel, bei dem jemand geschlagen wird, ist eigentlich doof. Oder?“ (© ebd., S. 32)
   Was hältst du von dieser Aussage? Schreibe auf.

   ____

   ____

   ____

   ____

Kapitel 5

Das verdammte Video

Ben hat die Strafaktion im Wald gefilmt und das Video verbreitet. Viele Kinder in der Schule haben es gesehen. Paul fühlt sich dadurch komplett vorgeführt.

1. Lies die Info-Box „Recht am eigenen Bild". Schreibe mit eigenen Worten auf, warum Ben das Video nicht hätte verbreiten dürfen.

Info-Box

„Recht am eigenen Bild"
Wenn jemand ein Foto oder einen Film macht, ist sie / er Urheberin / Urheber der Aufnahme. Trotzdem darf sie / er es nicht einfach veröffentlichen oder an ihre / seine Freunde schicken. Dafür braucht sie / er die Erlaubnis aller Personen, die fotografiert oder gefilmt wurden. Dabei gilt nämlich das Recht am eigenen Bild. Es soll dich schützen, damit du selbst entscheiden kannst, welche Bilder wo von dir veröffentlicht werden.

____

____

2. In der Aufregung sind die Sätze durcheinandergeraten. Bringe sie in die richtige Reihenfolge, indem du sie nummerierst.

Er sieht, wie drei Mädchen ihre Köpfe zusammenstecken und auf ihr Smartphone starren.	
„Welches Video?", hakt Diego nach.	
Ob Diego das Video noch nicht gesehen hat?, fragt sich Paul.	
Zu sehr schämt er sich. Zu wütend ist er.	
„Da, das ist er, das ist Paul aus dem Video, der hat die Ohrfeigen bekommen."	
Rebecca ahnt natürlich, dass es wegen des Videos ist, das sie auch schon gesehen hat.	
Wer hat das getan?, denkt Paul.	
„Du, Diego, sag mal, kennst du nicht das Video?", fragt ihn Paul.	
Die haben es bestimmt gesehen, denkt Paul.	
Woher wissen die von den Ohrfeigen?, fragt sich Paul.	

(© ebd., S. 33–35)

3. Überlegt zusammen in der Klasse, was ihr tun könnt, wenn über euch ein Foto oder ein Video verbreitet wird oder von jemandem, den ihr kennt. Wie könnte man helfen? Wen könntet ihr informieren, um die Verbreitung zu stoppen und den Täter zu finden? Wie könnte dem Opfer geholfen werden? Sammelt eure Tipps und Ideen auf einem Plakat.

Kapitel 6

Eine Verabredung

Die Freundinnen Emma und Rebecca treffen sich ohne die anderen und reden über alles. Rebecca entschuldigt sich später bei Paul.

1. Bei Rebecca ist Emma nicht schüchtern. Kannst du dir denken, warum?

___

___

___

2. Was machen die Freundinnen zusammen? Und worüber reden sie?

___

___

___

___

3. Die beiden Mädchen haben auch bei der Strafe mitgemacht. Jetzt bereuen sie das. Lies noch einmal Seite 42 / 43. Schreibe zwei Sätze aus dem Buch ab, die zeigen, wie Rebecca und Emma nun denken.

Rebecca sagt: ___

___

___

___

Emma meint: ___

___

___

___

Viele Bilder im Kopf (1)

Die Clique trifft sich bei Ben zu Hause. Er hat ein richtig großes Zimmer mit einem Sofa, einem Sessel und Sitzsäcken. Und er hat einen eigenen Fernseher.

1. Wenn du aufmerksam gelesen hast, wirst du die folgenden Fragen leicht beantworten können. Kreuze die richtige Antwort an. Arbeite ohne Buch. Nur wenn du eine Antwort nicht weißt, schlage im Buch nach.

Wie heißt Bens Schwester?

- ☐ Lisa
- ☐ Lea
- ☐ Lina

Was empfindet Meik beim Vergleich seines Zimmers mit Bens Zimmer?

- ☐ Wut und Enttäuschung
- ☐ Bewunderung und Neid
- ☐ Freude und Begeisterung

Womit kann sich Meiks Schwester die Zeit vertreiben?

- ☐ Cartoons
- ☐ Puppen
- ☐ Puzzle

Worauf sitzen Rebecca und Emma?

- ☐ Flauschteppich
- ☐ Stühle
- ☐ Sitzsack

Was tut Jeremy, weil er so aufgeregt ist?

- ☐ Er rutscht hin und her.
- ☐ Er kaut an seinen Nägeln.
- ☐ Er beißt sich auf die Lippen.

Was wird in der Serie, die die Kinder schauen, gezeigt?

- ☐ Kriminalfälle mit unheimlichen Tätern
- ☐ Urwaldabenteuer mit gruseligen Tieren
- ☐ Kinderspiele mit harten Strafen

Wie nimmt Meik seine Schwester mit nach Hause?

- ☐ Er nimmt sie Huckepack.
- ☐ Er zieht sie an der Hand hinter sich her.
- ☐ Er schubst sie vor sich her.

Viele Bilder im Kopf (2)

2. Die Clique schaut eine besonders harte Serie.
   Eigentlich sind alle mit dem, was sie da sehen, überfordert – aber niemand will es zugeben. Kannst du dir denken, warum alle bis zum Ende dabeibleiben?

3. Wie hättest du dich verhalten? Wärst du aufgestanden und gegangen?
   Was hätte das für deine Zugehörigkeit zur Clique bedeutet?
   Diskutiert darüber in der Klasse.

4. Vergleiche einmal dein Zimmer mit Bens Zimmer, so wie du es dir nach der Beschreibung vorstellst.

Bens Zimmer	Mein Zimmer
Sofa	

5. Hast du ein eigenes Zimmer oder teilst du dir eins mit einer Schwester oder einem Bruder? Was macht dein Zimmer für dich besonders?

Kapitel 8

Ein Stadtfest läuft aus dem Ruder

Beim Stadtfest trifft sich die Clique. Dabei kommt es zu einer Prügelei, die Ben in Hochstimmung versetzt.

1. Nur Ben kommt alleine zum Fest. Warum? Male an, was stimmt.

Die Mutter möchte lieber zu Hause allein sein.	Der Vater arbeitet noch.
Die Eltern mögen kein Bier.	Ben findet Feste eigentlich blöd.
Die Mutter findet das Fest nicht fein genug.	

2. In einer Szene beim Stadtfest kommt es zu einer heftigen Prügelei. Hast du so etwas schon einmal selbst mitbekommen? Tauscht euch in der Klasse aus:
   - Warum kommt es zu einer Prügelei?
   - Was könnte ein Auslöser sein?
   - Wie hast du die Situation empfunden?
   - Hast du dich anschließend mit jemandem darüber unterhalten?

3. Als Ben nach Hause geht, tritt er Laternen aus, zerstört ein Gartentor und beschädigt den Wagen des Nachbarn. Man nennt das Sachbeschädigung. Allerdings ist Ben mit seinen 11 Jahren noch nicht straffähig. Lies die Info-Box „Jugendstrafrecht". Unterstreiche wichtige Informationen.

Info-Box

Jugendstrafrecht

Im Strafgesetzbuch steht, dass Kinder unter 14 Jahren noch nicht bestraft werden können. Im § 19 des Strafgesetzbuches steht: „Schuldunfähig ist, wer bei Begehung der Tat noch nicht vierzehn Jahre alt ist." Nach diesem Gesetz gilt man bis 14 Jahre als Kind. Erst danach, also ab dem 14. Lebensjahr, wird man als Jugendlicher bezeichnet. Und man kann nach dem Jugendstrafrecht bestraft werden.

4. Findest du es richtig, dass Kinder bis zum 14. Lebensjahr nicht bestraft werden können, wenn sie gegen ein Gesetz verstoßen haben? Tausche dich mit einem Partnerkind aus. Begründet eure Meinungen.

5. Welche „Strafe" würdest du dir für Ben vorstellen?

Kapitel 9

Unterschiedliche Meinungen

Ben und seine Eltern unterhalten sich beim Frühstück über das Stadtfest. Die Mutter ist froh, dass sie nicht dort gewesen ist. Sie findet es gar nicht gut, dass ihr Sohn die Schlägerei mitbekommen hat.

1. Diskutiert in der Klasse über diese Situation am Frühstückstisch. Wie wäre es bei dir / bei euch zu Hause gewesen?

2. Du bist nun ein Reporter und sollst für deine Zeitung über das Stadtfest und auch über die Schlägerei berichten. Schreibe dazu einen Zeitungsbericht. Beachte dabei die Info-Box „Zeitungsnachricht“.

Info-Box

Zeitungsnachricht
Bei einer Nachricht in der Zeitung werden die wichtigsten Fragen zu einem Ereignis beantwortet: Was ist passiert? Wo war das? Wer war beteiligt? Warum ist das passiert? Es wird so berichtet, dass es für möglichst viele Menschen interessant ist. In einer Zeitungsnachricht geht es nicht um die eigene Meinung, sondern um eine allgemeine Information.

3. Was denkst du über Ben? Wie findest du seine Begeisterung für Gewalt und Prügeleien? Begründe deine Meinung.

____

____

____

BVK • Kati Ernst: Literaturprojekt zu „MUT ich“

Kapitel 10

Spannende Schulstunde

Frau Neumann, der Lehrerin von Ben und Meik, ist es wichtig, aktuellen und interessanten Unterricht zu machen. Daher wird auch die Schlägerei auf dem Stadtfest in der Klasse besprochen.

1. Die Lehrerin fragt:
   „Sind wir Menschen von Natur aus eher böse oder eher gut?" (© ebd. S. 62)
   Greift diese Frage auf und diskutiert darüber in der Klasse.

2. Am Anfang des Buches hat Meik immer getan, was sein Freund Ben wollte. Er hat ihn bewundert und auf ihn gehört. Jetzt ändert sich seine Sicht auf Ben. Wie steht er nun zu ihm?
   Suche Stellen im Buch, an denen man das merkt. Notiere sie hier.

   ____

   ____

   ____

   ____

   ____

3. Während der Diskussion in der Klasse kommt es auch zu der Frage, ob man bei der Schlägerei hätte eingreifen können. In solchen Fällen spricht man von „Zivilcourage". Das bedeutet, jemand anderem beizustehen. Trotzdem muss man natürlich auch auf sich selbst Acht geben.
   Welche verschiedenen Möglichkeiten gibt es, um Zivilcourage zu zeigen?
   Besprecht dies gemeinsam in der Klasse.

Kapitel 11

Was ist eigentlich richtig?

Meik und Ben tauschen sich über die Unterrichtsstunde von Frau Neumann aus. Dabei vertritt Meik eigentlich eine andere, nicht so aggressive Meinung wie Ben.

1. Weißt du, was in diesem Kapitel alles passiert? Schreibe die Antworten in die Kästen.

„Keine … , ich weiß nur, dass ja böse nicht immer böse ist.“									
„Es gibt immer einen …“									
„Und bei uns hatte … die Strafe verdient.“									
„So ist das … “									
„Und wir sind ja keine …“									
„Der … überlebt und bekommt die Kohle.“									
„Nur die … setzen sich durch!“									

(© ebd., S. 63 – 66)

2. Welche Argumente könntest du Meik noch nennen, damit er seine Meinung gegen Ben besser durchsetzen kann?

____

____

____

____

3. Bens Mutter bemerkt seine Aggressivität gegenüber Mister X. Hätte ihn die Mutter darauf ansprechen müssen? Schließlich kann sich ein Tier ja nicht wehren. Und ihr ist schon aufgefallen, dass sich Ben verändert.

____

____

Kapitel 12

Neues Spiel

1. Schreibe eine Inhaltsangabe (s. Info-Box) zu diesem Kapitel.
   Benutze dabei die Wörter im Kasten.

Nachmittag – Clique – Wäldchen – neues Spiel – Liegestütz – Bestrafung – Baum – Ansprache – Wurfmaterialien – Riesenameise – Katastrophe – dickes Seil – blaues Auge – Opfer – Heimweg – Veilchen – Albtraum

Info-Box

Inhaltsangabe
Wenn du eine Inhaltsangabe schreibst, fasst du den Inhalt eines Textes zusammen, ohne es spannend zu machen.
Du solltest auf eine sachliche Schreibweise achten und keine wörtliche Rede verwenden. Außerdem solltest du eine Inhaltsangabe im Präsens schreiben, also in der Gegenwart.

2. Wieder trifft sich die Clique im Wald. Ben hat sich vorbereitet und ein neues Spiel überlegt. Das Spiel selbst könnte in der Gruppe ja auch Spaß machen. Aber warum muss es wieder eine Strafe geben?
   Hättest du bei diesem Spiel und der Strafe mitgemacht? Nenne Gründe:

____

____

____

3. Rebecca und Diego wollen „schummeln“, werden aber von Ben direkt daran gehindert. Warum haben die beiden nicht den Mut, die Strafaktion offen zu verweigern?

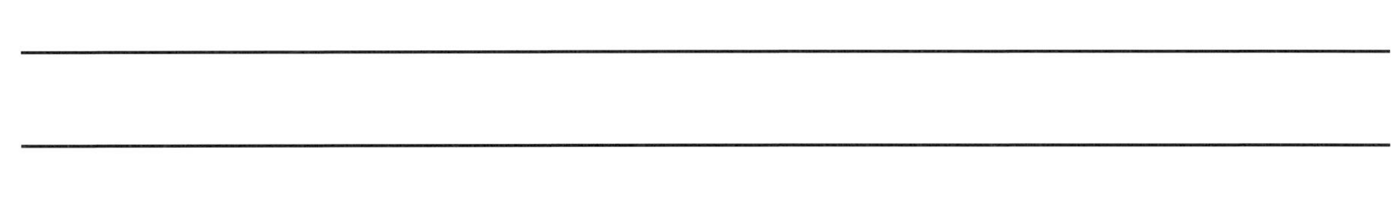

4. Diskutiert die Szene im Wald mit der Klasse:
   - Ist das alles noch ein Spiel?
   - Wie weit kann Ben noch gehen, bevor die Gruppe protestiert?
   - Alle wollen dazugehören. Wie hättest du gehandelt?

Kapitel 13

Stress mit der Mutter

Ben ist allein zu Hause und schaut sich einen Horrorfilm an.

1. Als Bens Mutter nach Hause kommt und ihn unsanft weckt, ist Ben schnell wütend: „Ach, lass mich einfach in Ruhe! Dir ist ja sowieso egal, was ich tue.“ (© ebd., S. 79, Zeile 5 und 6). Stimmt das? Ist der Mutter egal, was Ben macht?

____

____

2. Ben wird im Laufe der Geschichte immer aggressiver und brutaler. Überlege, warum er Spaß an Gewalt hat. Male mögliche Gründe farbig an. Schreibe eigene Gedanken dazu.

Bens Eltern sind kaum zu Hause, er ist viel allein.	______________________
Bens Hund knurrt ihn immer an, darum ist Ben ständig wütend.	______________________
Ben kann mit niemandem richtig reden.	______________________
Ben ist besonders stark.	______________________
Ben sind die Freunde egal, er braucht sie nicht.	______________________
Bens Eltern geben ihm vor allem Dinge und Geld. Sie verbringen kaum Zeit mit ihm.	______________________
Ben sieht viele Sendungen, in denen Gewalt vorkommt.	______________________

3. Darfst du zu Hause alles anschauen, auch Sendungen für Ältere? Überlege, warum es vielleicht nicht so gut ist, das zu machen.

____

____

Kapitel 14

Mädchenabend

Rebecca ist bei Emma zu Besuch und darf auch dort übernachten. In Emmas Zimmer sprechen sie schon bald über die Szene im Wald, bei der Paul zum zweiten Mal der Verlierer war und bestraft wurde.

1. Lies die Sätze und entscheide: Was stimmt? Was stimmt nicht?

   Die richtigen Antwort ist: ___ ___ ___   ___ ___ ___

Emma und Rebecca finden die Strafen zu hart.	M	W
Trotzdem machen sie gerne mit.	Ü	U
Sie denken selbst, dass sie zu feige sind.	T	A
Die beiden haben Angst, aus der Clique geworfen zu werden.	I	E
Emma und Rebecca möchten die anderen aber nicht nach ihrer Meinung fragen.	N	C
Sie finden Ben richtig toll.	D	H

2. Bist du wie Emma und Rebecca auch der Meinung, dass die Strafen zu hart waren?

   ____

   ____

3. Meinst du, es reicht, hierzu auch die anderen Cliquenmitglieder zu befragen?

   ____

   ____

4. Überlegt gemeinsam, wie ihr euch beim nächsten Spiel verhalten würdet. Fasst euer Gruppenergebnis zusammen und stellt dann eure Meinung den anderen Gruppen vor.

Kapitel 15

Geschwisterstreit

Ben hat einen heftigen Streit mit seiner Schwester. Dieser Streit ist mehr als nur eine kleinere Auseinandersetzung zwischen Geschwistern.

1. Wer sagt was? Male rot an, was Ben sagt. Male blau an, was Lisa sagt.

„Das geht dich einen Scheißdreck an!“
„Meinst du, davon wirst du schöner?“
„Aber du störst mich.“
„Du hast mir gar nichts zu sagen!“
„Ich glaube, dass du dadurch immer aggressiver wirst.“
„Du hast doch einen Knall.“

(© ebd., S. 85 – 87)

2. Findest du es in Ordnung, so unter Geschwistern umzugehen?

____

____

3. Ben verhält sich gegenüber seinem Hund sehr unfreundlich. Er sagt, Mister X sei ihm egal. Glaubst du das?
   Sprecht zu zweit darüber, warum sich Ben so verhält.

4. Lisa meint, die brutalen Sendungen machen Ben aggressiv.
   Und wirklich zeigen Untersuchungen, dass gerade Kinder davon beeinflusst werden, wenn sie häufig Gewalt in Sendungen oder Computerspielen miterleben. Tatsächlich wurde die Serie SQUID GAME auch von Kindern im echten Leben nachgespielt.
   Glaubst du auch, dass solche Sendungen Kinder beeinflussen können? Welche Gefahr besteht dabei?
   Überlegt gemeinsam in der Klasse.
   Haltet eure Ergebnisse schriftlich fest.

Kapitel 16

Die totale Katastrophe

Ben plant das ganz große Spiel und lädt dazu alle aus der Clique ein.
Paul empfindet die Einladung – auch durch Bens Ansage – als Zwang.

1. Würdest du an Pauls Stelle zum alten Freibad fahren? Begründe deine Antwort.

   ___

2. Wieder verliert Paul das Spiel. Er klettert auf den Turm, um seine Bestrafung anzutreten. Er hat große Angst vor dem Sprung. Warum weigert er sich trotzdem nicht zu springen?

   ___

3. Endlich wagt einer aus der Clique, Ben zu widersprechen. Es ist Jeremy. Warum bekommt er keine Unterstützung?

   ___

4. Paul hat sich bei dem Sprung schwer verletzt. Ausgerechnet Ben ruft mit seinem Handy die 1-1-2 und bittet um Hilfe. Warum reagiert er wohl schneller als die anderen?

   ___

5. Als Paul aus seiner Ohnmacht aufwacht, stellt Ben das Geschehen ganz anders dar. Endlich erhält er aber Widerspruch aus der Clique. Warum war keiner mutig genug, bevor sich jemand verletzt hat?

   ___

6. Ben muss mit auf die Polizeiwache. Erwartet ihn eine Strafe? Welche Strafe würdest du Ben geben wollen?

   ___

   ___

7. Suche dir einen Partner. Überlegt gemeinsam, wie Ben sein Verhalten gegenüber Paul wiedergutmachen könnte.

Kapitel 17

Unerwartete Strafe

Als die Eltern mit Ben zu Hause sind, kommt es nach langer Zeit zwischen ihnen zu einer ernsten Aussprache.

1. Schreibe jeweils Gründe auf, warum es in Bens Familie in letzter Zeit nicht so gut gelaufen ist.

   Ben sagt:

   - ____________________

   Der Vater begründet:

   - ____________________
   - ____________________
   - ____________________

   Die Einwände der Mutter sind:

   - ____________________
   - ____________________
   - ____________________

2. Ben soll zur Strafe mindestens drei Monate lang im Tierheim helfen. Was hältst du von der Strafe? Hättest du noch andere Ideen? Schreibe auf.

   ____

   ____

   ____

   ____

   ____

3. Sammelt eure Vorschläge und erstellt gemeinsam ein Plakat hierzu.

Kapitel 18

Besuch im Krankenhaus

Im Krankenhaus kommt es zu einem wichtigen Gespräch zwischen Paul und Ben.

1. Zeichne Trennstriche zwischen die einzelnen Wörter. Schreibe die Sätze dann richtig in dein Heft. Achte dabei auf die richtige Groß- und Kleinschreibung. Ergänze auch die Satzzeichen.
   Achtung: In jedem Satz haben sich falsche Buchstaben eingeschlichen. Kreise sie ein. Du erhältst einen Lösungssatz.

hallopaulbegrüßtebenihnundfragtvorsichtigdarfsichreinkommen

waswillsttduhiergrummeltpauultinrichtungben

schauenwieesdirmgehtundiichwolltemichbeidirentschruldigen

hätteichdirnichtzugetrautdassdudichbeimirentschulldigstsagtpaul

hasteduschmerzenwillbenivonihmwissen

scheißeallesweilichsoeineblöddeideehatte (© ebd.)

Lösungssatz: ____________________

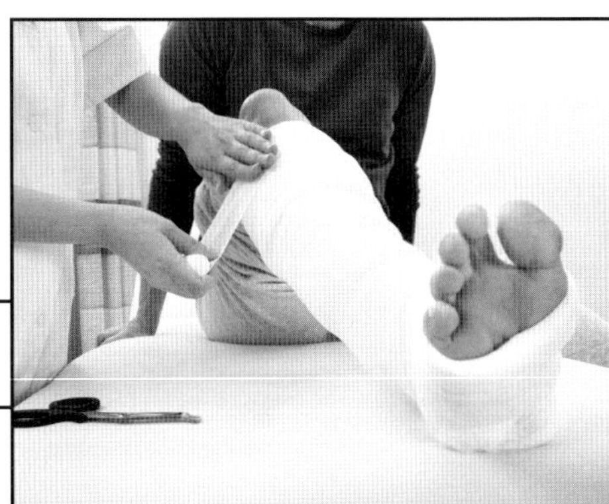

2. Ben hat eingesehen, dass alles eine blöde Idee war. Es tut ihm leid. Wie will er es wiedergutmachen?

____

____

____

____

____

____

3. Nicht nur Ben besucht Paul im Krankenhaus, die ganze Clique kommt. Wie gehen die Kinder mit Ben um? Was nehmen sie sich für die nächste Zeit vor?

____

____

Nach der Lektüre – Buchkritik

Fülle die Buchkritik aus. Besprecht eure Ergebnisse in der Klasse.

Titel: ____________________

Autoren: ____________________

____

Anzahl der Kapitel: __________ Seitenzahl: __________

Worum geht es in dem Buch? ____________________

____

____

Wer sind die Hauptfiguren des Buches? ____________________

____

Woran erkennst du das? ____________________

____

____

Gibt es noch eine weitere wichtige Person im Buch? ____________________

____

Was hat dir an dem Buch gefallen? ____________________

____

____

Was hat dir an dem Buch nicht gefallen? ____________________

____

____

Insgesamt finde ich das Buch ____________________, weil

____

____

Das Titelbild / Der Titel

1. Schaue dir das Titelbild und den Titel des Buches noch einmal genau an. Findest du beides gut gewählt oder würdest du etwas verändern? Wie sähe dein eigenes Cover aus? Gestalte ein neues Cover und überlege dir auch einen neuen Titel.

2. Vergleicht eure Cover nun in der Klasse. Welches findet ihr am aussagekräftigsten?

Tipp:
Hängt eure Cover als Ausstellung in der Klasse auf.

Der Klappentext

Auf der Rückseite des Buches steht der sogenannte Klappentext. Darin wird der Inhalt des Buches kurz und knapp beschrieben. Mit dem Klappentext soll Interesse für das Buch geweckt werden.

Versuche nun einmal, einen eigenen Klappentext zu schreiben. Was wäre dir wichtig als Information über das Buch, um viele Leserinnen und Leser neugierig zu machen?

Tipp:
Lest eure Klappentexte in der Klasse vor. Stimmt einmal ab, welcher neue Text die meisten Stimmen erhält.

Mein eigenes Lesezeichen

1. Gestalte dein eigenes Lesezeichen. Dazu kannst du die Vorlage noch anmalen. Schneide sie dann aus.

2. Laminiere dein Lesezeichen und schneide es noch einmal aus.

3. Wenn du möchtest, kannst du auch selbst ein Motiv entwerfen.

Wortarten

Ordne die folgenden Wörter aus dem Buch richtig in die Tabelle ein.

Angst – stolpern – zufrieden – Spiel – Gedanken – schlagen – spannend – wütend – Schokolade – Clique – Strafe – streiten – albern – springen – Sprungbrett – lachen – bewusstlos – Verlierer – Lehmklumpen – blau – hektisch – Stadtfest – Ohrfeigen – warten – stöhnen – ernst – sauer – Video

Nomen	Verben	Adjektive

Wörtliche Rede

Ben unterhält sich am Montag mit seinen Eltern über das Stadtfest. In der Zeitung wird über das Fest, aber auch über die Schlägerei berichtet.
Lies den Text dieser Szene unten im Kasten.
Ergänze die Satzzeichen und lies den Text dann noch einmal.

Achte bei deiner Ergänzung darauf, die Regeln für die Zeichensetzung einzuhalten:

- Was jemand sagt, wird in Anführungszeichen geschrieben.
  Am Satzanfang stehen die Anführungszeichen unten, am Satzende oben.
- Wenn zuerst gesprochen wird und der Satz danach noch weitergeht, endet die Rede mit Anführungszeichen oben und es folgt ein Komma. Nur bei einem Ausrufesatz und einem Fragesatz wird ein Satzzeichen vor dem Anführungszeichen gemacht. Das Komma wird trotzdem gesetzt.
- Wenn die Rede auf einen Begleitsatz folgt, wird sie mit einem Doppelpunkt eingeleitet.

____ Die Schlägerei hab ich gesehen ____ War schon krass ____ Einer lag auf dem Boden und krümmte sich vor Schmerzen ____ ____ berichtet er seinen Eltern ____

____ Das ist bestimmt der aus der Zeitung ____ der ____ der im Krankenhaus liegt ____ ____ erzählt er weiter ____

____ Da sieht man mal wieder ____ wozu Gewalt führen kann ____ ____ stellt Bens Vater fest ____

____ Hast du die Schlägerei tatsächlich mit angesehen ____ ____ ____ will die Mutter wissen ____

____ Klar ____ wir standen alle nah dabei ____ ____ antwortet Ben ____

____ Warum bist du nicht weggegangen ____ ____ ____ fragt ihn seine Mutter ____

____ Da war endlich mal was los ____ das wollte ich nicht verpassen ____ ____ antwortet ihr Sohn ____

____ Das ist aber doch furchtbar ____ so eine Schlägerei ____ Und wie schnell kann man selbst hineingezogen werden ____ ____ meint Bens Mutter besorgt ____

____ Quatsch ____ wir hatten ja gar nichts damit zu tun ____ War einfach cool ____ eine richtige Schlägerei ____ ____

(© ebd., S. 59)

Zusammengesetzte Wörter

Welche Nomen passen zusammen?
Wenn du unsicher bist, schaue in Kapitel 7 nach. Schreibe die zusammengesetzten Wörter auf die Linien, zum Beispiel: Zimmer + Ecke = Zimmerecke

	+		=	
Wochen		Box		______________________
Bild		Schirm		______________________
Kinder		Szene		______________________
Lautsprecher		Geber		______________________
Film		Ende		______________________
Augen		Kram		______________________
Gast		Spiele		______________________
Kinder		Blick		______________________

Betontes Vorlesen

Bildet Kleingruppen und lest die Kapitel 8 und 16 des Buches nach den Regeln des „betonten Vorlesens". Beachtet dabei die Informationen der Info-Box.

Info-Box

Betontes Vorlesen

Durch betontes Vorlesen kann man der Zuhörerin/dem Zuhörer einen Text besonders intensiv vermitteln. Auch die eigene Interpretation des Textes lässt sich durch das betonte Vorlesen zum Ausdruck bringen.
Nimm einen Bleistift und füge Lesezeichen (siehe unten) in den Text ein, die dir beim Vorlesen helfen.

Achtung: Schreibe nur in das Buch, wenn es sich um dein eigenes handelt!

Lesezeichen:

| = kurze Pause — – = leicht betonen

|| = lange Pause — = = stark betonen

↑ = Stimme heben — ↓ = Stimme senken

~~~ = schnelles Lesen
~~~

Mut

Paul hat nicht genug Mut, Ben und auch der Clique zu widersprechen.
Auch die anderen aus der Gruppe wagen es erst, als das letzte „Spiel“ böse endet.

Bastle dein eigenes Mutbuch. Schreibe auf, was du dir vornimmst, um mutiger und selbstbewusster zu werden.
Diese Tipps helfen dir:

- Ich stehe gerade.
- Ich sehe dem anderen direkt in die Augen, wenn ich mit ihm spreche.
- Ich kann Fremde ansprechen und nach der Uhrzeit oder nach dem Weg fragen.
- Ich sage meine Meinung.
- Ich verstecke mich nicht, sondern nehme meinen Platz ein.
- Ich stehe für jemand anderen ein.
- Ich traue mich, etwas zu machen, das ich vorher noch nie gemacht habe.

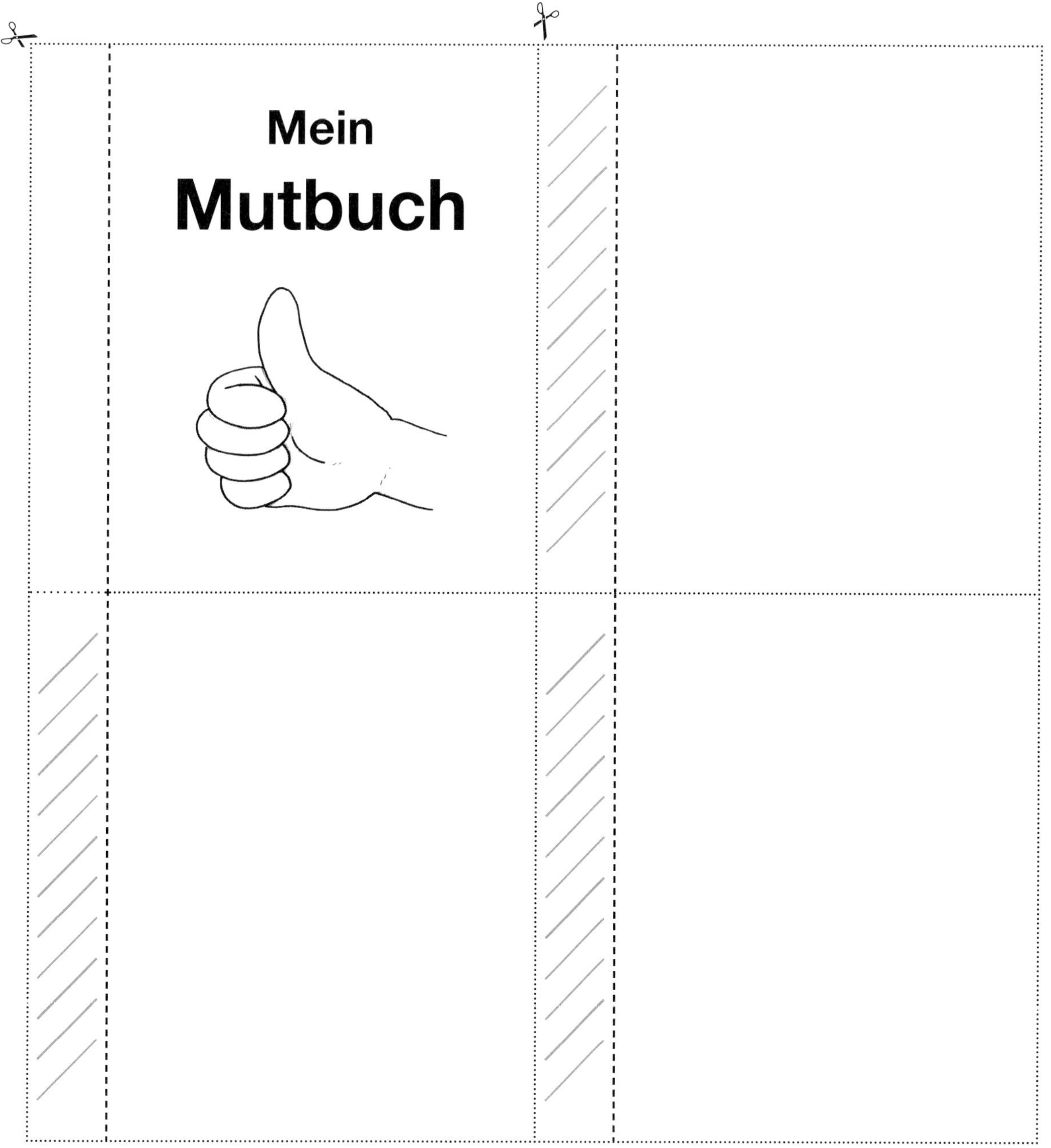

Gruppenzwang

1. Teilt euch in 4 Gruppen auf. Jede Gruppe beschäftigt sich mit einer Aussage. Besprecht eure Gruppenergebnisse anschließend in der Klasse.

Wenn alle einfach nur mitmachen, haben sie auch eine Mitschuld.	Die sieben Kinder der Clique haben keine Möglichkeit, sich gegen ihren Chef Ben zu wehren.
Es ist wichtiger, dazuzugehören, als das Richtige zu tun.	Manchmal ist es mutiger, einfach nur NEIN zu sagen.

2. Suche dir ein Partnerkind. Überlegt zusammen, was ihr unter Gruppenzwang versteht. Schreibt drei eigene Beispiele auf. Sucht danach im Buch nach passenden Stellen.

____

____

____

3. Ist Gruppenzwang immer schlecht oder gibt es auch Situationen, in denen es dadurch „Vorteile" gibt?

____

____

4. Warum gibt man Gruppenzwang nach? Warst du auch schon einmal in einer Situation, wo du etwas gemacht hast, was du eigentlich gar nicht wolltest?

____

____

Dürfen Kinder alle Sendungen sehen?

Ben hat die Möglichkeit, sich die Serie SQUID GAME ohne Wissen beziehungsweise ohne eine Kontrolle der Eltern anzusehen.

1. Haben Bens Eltern keine Kontrolle über das, was Ben guckt, oder ist es ihnen egal?

____

2. Wie ist das bei dir zu Hause?

____

3. Ist es deiner Meinung nach richtig, dass die Kinder im Roman eine solche Serie schauen können?

____

4. Was schaut ihr? Tragt in den Fragebogen unten ein, welche Sendungen ihr im Laufe einer Woche schaut. Vergleicht eure Antworten und sprecht darüber.

Wochentag	**Sendung**	**Inhalt**
Montag		
Dienstag		
Mittwoch		
Donnerstag		
Freitag		
Samstag		
Sonntag		

Soziales Miteinander

Die Clique verbringt gerne viel Freizeit miteinander. Wohl gibt es bei und nach den Spielen immer wieder einige Kinder, die unzufrieden sind. Das liegt hauptsächlich an den Strafen, die der Verlierer eines Spiels erhält. Es wird den Kindern auch bewusst, dass es immer nur ein Kind ist, nämlich Ben, der bestimmt, wie die Strafe ausfällt.
Doch es gibt ein Problem. Keines der Kinder traut sich, Ben zu widersprechen. Sie unterhalten sich immer wieder darüber und kritisieren diese Strafen auch. Aber dies tun sie nur, wenn Ben nicht dabei ist. Jeder bzw. jede von ihnen hat Angst, aus der Clique geworfen zu werden. Allerdings ändert sich einiges nach dem Vorfall im Schwimmbad.

1. Beschreibe die Reaktionen der Kinder genau, wenn eine Strafe verhängt worden ist.

   ____

   ____

2. Warum verhalten sich die Kinder so?

   ____

   ____

3. Beschäftige dich genauer mit dem Verhalten von Meik, dem besten Freund von Ben. Warum traut er sich nicht, seine wirkliche Meinung zu sagen?

   ____

   ____

4. Kennst du auch Situationen, in denen du nicht den Mut hattest, offen deine Meinung zu sagen – oder für eine Mitschülerin oder einen Mitschüler einzutreten? Berichte darüber.

   ____

   ____

5. Tauscht euch nun mit eurem Nachbarkind aus.

6. Wenn ihr möchtet, könnt ihr dieses Thema auch in der Klasse besprechen.
   Achtung: Es darf niemand gezwungen werden, etwas zu sagen, wenn er das nicht möchte.

Rollenspiel

Die Szene im Schwimmbad ist dramatisch. Das, was Ben sich ausgedacht hat, ist kein Spiel mehr. Aber trotzdem machen alle mit. Erst, als sich Paul schlimm verletzt, wollen die Kinder nicht mehr mitmachen und widersprechen Ben auch vor der Polizei. Wichtiger wäre es aber gewesen, sich in der Situation am Sprungturm anders zu verhalten. Es ist jedoch nicht so leicht, sich dem Gruppendruck entgegenzustellen. Das könnt ihr gemeinsam üben.

1. Bildet Gruppen mit bis zu 8 Kindern.
   Stellt die Szene im Schwimmbad in einem Rollenspiel dar und führt sie anschließend vor. Lest dazu auch die Info-Box „Rollenspiel".
   Notwendige Personen für das Rollenspiel sind: Ben – Paul – Rebecca – Jeremy.
   Aber auch die Rollen für die anderen Mitglieder der Clique sollten verteilt werden.

Info-Box

Rollenspiel
Teilt euch in Gruppen mit bis zu 8 Spielern auf. Besprecht gemeinsam den Inhalt der Szene, die Rollen und vor allem die Gefühle der einzelnen Personen. Probt die Szenen und spielt sie dann der Klasse vor.

2. Überlegt nun gemeinsam, wie die Clique stattdessen reagieren könnte.
   Wer könnte sich anders verhalten und wie?
   Wer könnte Ben zum Umdenken bringen?

3. Besprecht die verschiedenen Möglichkeiten und entscheidet euch für eine.

4. Verteilt dann die Rollen und probt euer neues Rollenspiel mehrmals.

5. Führt es nun in der Klasse vor.

6. Besprecht danach in der Klasse, welche Lösung besonders gut gelungen ist.

Lösungen

zu S. 10, „Peinliche Fragen“:
Wäldchen; Gesicht; Spiegel; Ohrfeigen; rot; Abendessen; Ärger; Julia; Judotraining; Lüge; Freunde; Buch; fassen; ich; richtige; nicht; Gedanken

zu S. 12, „Ein schlechtes Gewissen“:

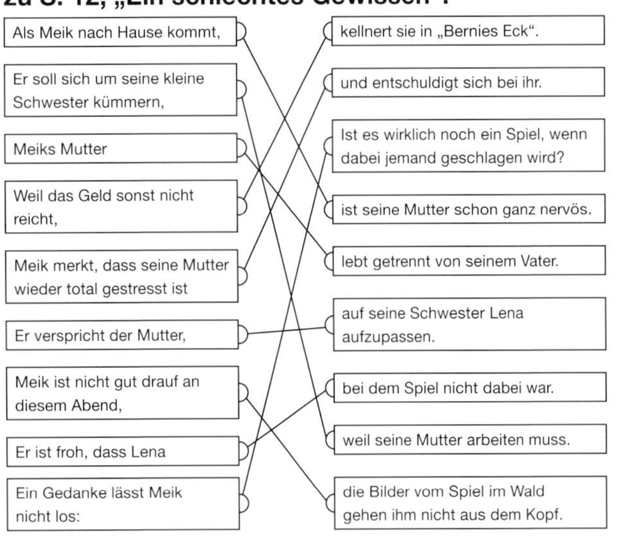

zu S. 14, „Das verdammte Video“:

Er sieht, wie drei Mädchen ihre Köpfe zusammenstecken und auf ihr Smartphone starren.	2
„Welches Video?“, hakt Diego nach.	10
Ob Diego das Video noch nicht gesehen hat?, fragt sich Paul.	8
Zu sehr schämt er sich. Zu wütend ist er.	6
„Da, das ist er, das ist Paul aus dem Video, der hat die Ohrfeigen bekommen.“	3
Rebecca ahnt natürlich, dass es wegen des Videos ist, das sie auch schon gesehen hat.	7
Wer hat das getan?, denkt Paul.	4
„Du, Diego, sag mal, kennst du nicht das Video?“, fragt ihn Paul.	9
Die haben es bestimmt gesehen, denkt Paul.	5
Woher wissen die von den Ohrfeigen?, fragt sich Paul.	1

zu S. 16, „Viele Bilder im Kopf (1)“:

- Wie heißt Bens Schwester?
  Lisa
- Was empfindet Meik beim Vergleich seines Zimmers mit Bens Zimmer?
  Bewunderung und Neid
- Womit kann sich Meiks Schwester die Zeit vertreiben?
  Cartoons
- Worauf sitzen Rebecca und Emma?
  Sitzsack
- Was tut Jeremy, weil er so aufgeregt ist?
  Er kaut an seinen Nägeln.
- Was wird in der Serie, die die Kinder schauen, gezeigt?
  Kinderspiele mit harten Strafen
- Wie nimmt Meik seine Schwester mit nach Hause?
  Er nimmt sie Huckepack.

zu S. 21, „Was ist eigentlich richtig?“:

„Keine … , ich weiß nur, dass ja böse nicht immer böse ist.“	A	H	N	U	N	G			
„Es gibt immer einen …“	V	E	R	L	I	E	R	E	R
„Und bei uns hatte … die Strafe verdient.“	P	A	U	L					
„So ist das … “	L	E	B	E	N				
„Und wir sind ja keine …“	T	I	E	R	E				
„Der … überlebt und bekommt die Kohle.“	G	E	W	I	N	N	E	R	
„Nur die … setzen sich durch!“	S	T	Ä	R	K	S	T	E	N

zu S. 24, „Mädchenabend“:

Emma und Rebecca finden die Strafen zu hart.	(M)	W
Trotzdem machen sie gerne mit.	Ü	(U)
Sie denken selbst, dass sie zu feige sind.	(T)	A
Die beiden haben Angst, aus der Clique geworfen zu werden.	(I)	E
Emma und Rebecca möchten die anderen aber nicht nach ihrer Meinung fragen.	N	(C)
Sie finden Ben richtig toll.	D	(H)

zu S. 28, „Besuch im Krankenhaus“: Es tut mir leid!

zu S. 32, „Wortarten“:
Nomen: Schokolade • Ohrfeigen • Gedanken • Stadtfest • Sprungbrett • Spiel • Verlierer • Clique • Lehmklumpen • Video • Strafe • Angst
Verben: springen • stolpern • streiten • stöhnen • schlagen • warten • lachen
Adjektive: wütend • albern • blau • spannend • ernst • zufrieden • hektisch • sauer • bewusstlos

zu S. 33, „Wörtliche Rede“:
„Die Schlägerei hab ich gesehen. War schon krass. Einer lag auf dem Boden und krümmte sich vor Schmerzen**“,** berichtet er seinen Eltern. **„**Das ist bestimmt der aus der Zeitung, der, der im Krankenhaus liegt**“,** erzählt er weiter.
„Da sieht man mal wieder, wozu Gewalt führen kann**“,** stellt Bens Vater fest.
„Hast du die Schlägerei tatsächlich mit angesehen**?“,** will die Mutter wissen.
„Klar, wir standen alle nah dabei**“,** antwortet Ben.
„Warum bist du nicht weggegangen**?“,** fragt ihn seine Mutter.
„Da war endlich mal was los**,** das wollte ich nicht verpassen**“,** antwortet ihr Sohn.
„Das ist aber doch furchtbar, so eine Schlägerei**.** Und wie schnell kann man selbst hineingezogen werden**“,** meint Bens Mutter besorgt.
„Quatsch, wir hatten ja gar nichts damit zu tun. War einfach cool, eine richtige Schlägerei**!“**